AF509403

RAPPORT ANNUEL

SUR

LES PROGRÈS

DE

L'ETHNOGRAPHIE ORIENTALE

———

(EXTRAIT DE L'ANNUAIRE DE LA SOCIÉTÉ D'ETHNOGRAPHIE)

3e Année.

238 — PARIS. — TYP. H. CARION, RUE BONAPARTE, 64.

RAPPORT ANNUEL

SUR

LES PROGRÈS

DE

L'ETHNOGRAPHIE ORIENTALE

PAR

CHARLES DE LABARTHE

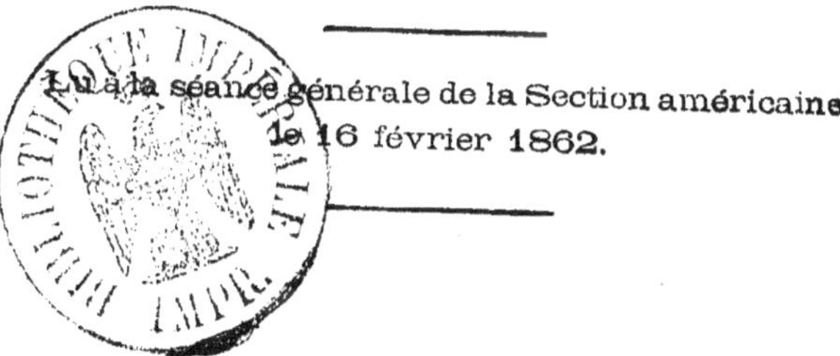

Lu à la séance générale de la Section américaine
le 16 février 1862.

PARIS
MAISONNEUVE ET Cie, LIBRAIRES-ÉDITEURS
15, QUAI VOLTAIRE, 15

1862

RAPPORT ANNUEL

SUR

LES PROGRÈS DE L'ETHNOGRAPHIE ORIENTALE

Par M. Charles de LABARTHE

Lu à la séance générale de la section orientale,
le 16 février 1862.

———

La Société d'Ethnographie célèbre aujourd'hui la troisième séance de sa section orientale. Il m'a été donné, cette année, de vous exposer brièvement le résultat des travaux de ses principaux membres, et de vous faire connaître la voie heureuse dans laquelle elle est en ce moment engagée.

Les études orientales, bien que ne formant qu'une des branches, j'allais dire un rayon illustré de vos recherches, ont eu le privilége d'occuper le plus grand nombre de vos membres. Ce n'est pas que les études américaines, — qui ont motivé, à l'origine, la fondation de notre Société, — n'aient depuis longtemps attiré notre attention et vos sympathies; ce n'est pas non plus qu'elles n'aient étonnamment progressé. Grâce à l'impulsion inattendue qu'ont su leur communiquer nos éminents col-

lègues, MM. Aubin, Brasseur de Bourbourg et
Samper, elles ont pris rang parmi les plus
précieuses acquisitions de l'érudition contem-
poraine, et le monde savant fonde sur elles ses
plus chères espérances. Destinées qu'elles sont
à clore le cercle archéologique et à fonder l'u-
nité de la science, à rendre sa philosophie possible aussi bien en linguistique qu'en histoire
et en ethnographie, les études américaines se
développeront de toute la virtualité de leur
germe lorsque de nouveaux travailleurs, for-
més à l'école des maîtres, se seront élancés,
laborieux et résolus, dans l'immense carrière
qu'elles leur ouvrent... Là sont des mines d'or
pour la science, qui renferment de belles et
de nombreuses palmes à cueillir.

Mais devant cette gloire qui se lève, devant
ce nouveau monde qui s'ajoute à toutes les
conquêtes du passé, est-il nécessaire de faire
observer que les études orientales, — dont
l'éclat ne saurait pâlir, — sont de beaucoup
les aînées ;—que, dans leur rapide et progres-
sive ascension, elles nous ont déjà fait connaître sous leur véritable jour des peuples
innombrables dont les noms étaient presque
ignorés de nos aïeux ; qu'elles ont déchiffré des
écritures inconnues, retrouvé l'esprit des vieux
monuments, et que, renouvelant avec autant
de bonheur les hardiesses de la géologie, elles
ont fait revivre les langues, les lois, la poésie,
l'histoire des nations disparues, à l'aide d'inscriptions, de manuscrits et de ruines qu'elles
ont arrachés pièce à pièce, et qu'elles arra-
chent encore chaque jour à l'usure, à l'oubli
du temps et au vandalisme des révolutions.
Sondant nos origines, afin de mieux pénétrer,

de mieux comprendre le mouvement social
qui nous entraîne, elles nous ont montré le
berceau antique de nos sciences, de nos litté-
ratures, de nos religions, et, signalant d'une
main sûre et avec un infatigable zèle tous les
liens qui relient les peuples, elles ont préparé
enfin l'avénement de la science de l'homme,
— non plus de l'homme considéré isolément,
mais de l'homme vu dans l'humanité, à travers
les âges, au milieu de la nature qui l'incite et le
modifie, et sous le souffle divin qui l'inspire. Tel
est, messieurs, le but précis des études ethnographiques. Elles tendent à la fusion des peuples et des races, à l'unité harmonique, au
progrès, à la solidarité des hommes; — là est
son utilité et sa dignité. — Elles embrassent
aussi bien l'avenir que le passé des nations, et
plusieurs de nos savants confrères ont ample-
ment moissonné dans ce champ qui, pour nous
livrer toutes ses richesses, pour produire tous
ses résultats, exigera longtemps encore les efforts continus des travailleurs les plus ardents
et des hommes les plus profonds.

Afin de mettre un certain ordre dans l'ex-
position de vos travaux, nous les avons clas-
sés en sept catégories distinctes, et chacune a
été considérée sous trois faces, selon que les
ouvrages constituent ou des publications de
librairie, ou des travaux de cours publics et
de journaux, ou enfin des articles spéciaux
dont il vous a plu d'honorer la *Revue orientale et américaine.* Les sept catégories sont
relatives :

1° A la géographie et aux voyages ;
2° A l'histoire et aux mœurs ;
3° Aux arts, à l'architecture ;

4° A la philosophie ;

5° Aux inscriptions cunéiformes et aux explorations archéologiques ;

6° A la littérature et à la philologie ;

7° Enfin à l'ethnographie proprement dite.

Commençons par la géographie.

Votre doyen d'âge, M. Jomard, que nous nous estimons si fiers de voir présider aujourd'hui, a continué, cette année, avec l'approbation unanime du monde savant, la publication de ses *Monuments de la géographie*. Dans cette œuvre unique, il réunit toutes les cartes qu'il était si urgent de connaître pour tracer les mouvements d'une science dont les progrès successifs, les tâtonnements ou les erreurs sont si propres à déterminer d'une manière positive quelles étaient les idées dominantes, les relations contractées, les connaissances acquises à telle ou telle époque. Ces monuments, véritable paléontologie des traditions, des fictions et des voyages réels de tous les peuples, resteront comme des pierres d'attente pour l'édification d'une histoire générale de la civilisation et de la marche de l'esprit humain.

En parlant de M. Jomard, nous ne saurions passer sous silence un de nos membres qu'il affectionne particulièrement, M. Mahmoud-Bey, qui, sorti de l'Ecole égyptienne de Paris, a observé à Dongolah, en Nubie, l'éclipse totale de soleil qui eut lieu le 18 juillet 1860. Ce coup d'essai, qui promet un grand astronome, prouve une fois de plus ce que pourront un jour les Orientaux, qui sont loin d'avoir oublié les traditions de leur gloire.

Mais revenons à la série de vos publications géographiques.

M. Cortambert, l'infatigable géographe,

vient de terminer sa révision de la *Géographie universelle* de Malte-Brun, qu'il a beaucoup améliorée (l'étendue de l'ouvrage a doublé), en la complétant par les découvertes dues à tous les voyageurs modernes, et à laquelle il a fait toutes les additions qu'on attendait de sa prodigieuse lecture et de la connaissance approfondie qu'il a de la topographie du globe.

M. de Gilles, bibliothécaire de l'empereur de Russie, a aussi publié son Voyage dans une contrée qui vous intéresse à un double titre, — comme savants et comme citoyens, — puisqu'il s'agit du Caucase, qui sera dans l'avenir la porte d'or ou de fer par laquelle sortira, soit la liberté, soit la ruine des nationalités du Continent. A une suite de tableaux pittoresques et attachants, car ici le talent de l'écrivain est merveilleusement secondé par l'impression grandiose qui saisit l'homme à l'aspect de ces montagnes, se joignent, — au point de vue russe, bien entendu, — des appréciations du bonheur qui attend désormais les races caucasiques soumises, il est vrai, mais invaincues ;— appréciations et espérances que l'esprit français ne saurait goûter, et que la saine politique désavoue.

L'année qui vient de s'écouler a été pour nous riche de renseignements géographiques sur le grand empire : M. de Sabir, savant russe aussi modeste que laborieux, a publié sur le fleuve Amour son grand ouvrage que vous connaissez tous, et dont votre rapporteur a rendu compte dans la *Revue orientale et américaine*. Depuis, pour continuer son aperçu sur les récentes explorations des Russes dans l'Asie centrale, il vient de faire paraître une

Notice sur le pays des *Sept-Rivières* (l'ancienne Dzoungarie) et sur la contrée transilienne.

Enfin, M. de Khanikoff, un de vos membres, a reçu de la Société de géographie de France la grande médaille d'or, pour son exploration du Khorasan.

Passons maintenant à notre seconde division, à l'histoire.

M. Pfismaïer continue ses recherches sur l'histoire ancienne de la Chine, dont il insère les résultats dans les *Annales de l'Académie impériale de Vienne* ; et comme pour compléter d'un seul coup les gigantesques travaux dont l'extrême Orient est aujourd'hui plus que jamais l'objet, M. Max Müller a fait paraître son *Histoire de l'ancienne littérature sanscrite* (1), et M. Lassen la première moitié du IVe volume de ses *Antiquités indiennes* (2).

Que vous dirai-je sur les travaux de ces hommes illustres, que vous vous enorgueillissez de compter au nombre de vos membres?

M. Max Müller, qui s'est proposé de remonter le plus haut possible dans l'histoire de la parole indienne, et de fixer le caractère de ses différentes productions, traite des différentes couches et du mode de superfétations successives des œuvres de la littérature védique. —Il en étudie la portée, il en fixe les âges relatifs, il en dispose et proportionne les parties dans les rapports théoriques et nécessaires, et

---

(1) *A history of ancient sanskrit literature.*
(2) *Indische alterthums-kunde.*

construit, comme l'a fait M. Elie de Beaumont pour la surface du globe, toute une chronologie idéale, un arbre généalogique accompli, ou près de l'être, auquel il ne reste plus qu'à attacher l'élément contingent, la date fixe.

Et par un concours bien digne d'attention, et qui prouve que les temps sont venus, pour l'Orient de laisser choir le voile mystérieux qui le couvre, et de nous initier enfin à tous les secrets de sa vie antique, à tous les mobiles, à toutes les raisons de sa gloire, M. Lassen, en compulsant et comparant tous les historiens, les inscriptions, les actes, les monnaies et les monuments, s'est chargé de reconstruire la chronologie effective et de tirer au complet, — vivants encore de leurs intérêts et de leurs passions, — les siècles qui ne sont plus, de la poussière qui les recouvre.

Le mouvement historique qui nous pousse vers l'Asie nous entraîne également vers l'Afrique, et M. Beaumier vient de publier l'*Histoire des sultans de Fez*, ouvrage où se trouvent consignés une foule de documents peu connus et très utiles pour l'étude consciencieuse du monde musulman.

M. Holmboë, ce savant du Nord dont vous aimez à retrouver le nom dans vos annales, continue avec persévérance ses études sur les antiquités scandinaves. L'intérêt qui s'attache à ces recherches a doublé, depuis qu'on soupçonne les rapports qui pourraient relier la Scandinavie à l'ancienne histoire de l'Amérique.

Enfin M. de Bellecombe est venu vous offrir le VIIe volume de son *Histoire générale*. Chrétien dans le sens élevé du mot et plein des idées nouvelles, l'auteur ne saurait voir dans l'his-

toire ce pêle-mêle sans dessein et sans portée
qu'il a plu à certains historiens d'y mettre.
De son histoire il a fait un tout sous l'empire
d'une idée régulatrice que nous nous réser-
vons un jour de vous exposer.

M. Texier, membre de l'Institut, et dont
la plume savante a souvent enrichi la *Revue
orientale et américaine*, prépare en ce moment une histoire toute spéciale de l'Asie
Mineure. Nous nous rappelons l'avoir entendu, il y a quelques jours, nous lire un
opuscule fort intéressant sur l'*écume de mer*,
qui est un produit de cette contrée.

Vous le voyez, messieurs, l'histoire, sous
aucune de ses faces, ne vous a fait défaut;
d'illustres orientalistes ont parlé, d'impéris-
sables travaux ont paru, et ce sont autant de
mines où l'Ethnographie pourra puiser des
sujets d'étude ou prendre ses points d'appui
pour corroborer ses conclusions.

L'art architectural, cette expression vivante
de l'âme des siècles, qui en mesure si bien le
génie et dont les ruines ont tant de fois pro-
testé contre les erreurs de l'érudition, L'ART
n'est pas la partie la moins inportante parmi
toutes celles qui doivent sérieusement préoccuper l'Ethnographie. Puisque, dans cette
séance toute orientale, nous ne pouvons vous
entretenir des vieux monuments de l'Amérique,
dont vous voyez devant vous plusieurs spéci-
mens, et sur lesquels M. Jomard a bien voulu
nous fournir des considérations d'une grande
importance, que je regrette de ne pouvoir vous
reproduire ici, nous vous citerons de suite
M. Melchior de Vogué, qui nous a donné une
solide et très-intéressante étude, dans son

ouvrage sur les *Églises de la Terre Sainte*,
lequel est suivi d'un appendice sur les monuments de Chypre et de Rhodes. Ce travail,
accompagné de toutes les planches nécessaires,
élucide plusieurs questions restées encore
indécises dans le domaine de l'histoire monu-
mentale.

L'auteur fait observer que, pas plus dans
la Terre Sainte que dans le reste de l'Empire
romain, il ne faut s'attendre à trouver des
églises avant le règne de Constantin, mais que
tout changea de face quand ce prince eût dé-
finitivement assuré le triomphe la croix ; un
grand mouvement architectural correspondant
au mouvement religieux, — car l'enthousiasme
produit les œuvres — fit sortir de terre de
belles et de riches Églises sur tous les le points
de la domination romaine. A la tête de ce
mouvement était la famille impériale elle-même,
et l'on vit sainte Hélène parcourir la Terre
Sainte, recherchant partout les traces du Sau-
veur ; elle visita tous les points consacrés par
un souvenir évangélique, et ce furent autant
d'emplacements désignés pour des églises ou
pour des chapelles. L'empereur Justinien con-
tinua ces pieuses fondations ; mais les invasions
des Perses et des Arabes détruisirent presque
tous ces monuments du culte et couvrirent le
pays de ruines. Depuis cette fatale époque
jusqu'à celle des croisades, c'est-à-dire depuis
le milieu du viie siècle jusqu'à la fin du xie,
l'état précaire des chrétiens et la politique des
musulmans s'opposèrent à toute édification
nouvelle. Ce ne fut donc qu'après la prise de
Jérusalem, par Godefroy de Bouillon, que l'art
chrétien, aidé de la main, de l'argent et du

génie des croisés, reprit sa marche ascension-
nelle, pour couvrir à nouveau cette terre de
promission des monuments de notre foi.

Des recherches de l'auteur, qui s'appuie
toujours sur l'histoire et étudie chaque édifice
sous le triple point de vue de l'*aspect monu-
mental*, de la *division intérieure* et de la *décora-
tion*, il résulte, et c'est là le point qui intéresse surtout l'Ethnographie, il résulte que
toutes les églises de ces contrées se rapportent
à deux périodes : la période byzantine et la période française. De la première il ne nous reste
que de rares monuments : la basilique de
Bethléem, la mosquée d'El-aksa, la rotonde du
saint Sépulcre, et l'on voit que l'art y a suivi
la même marche et s'est transformé de la même
manière que dans les autres parties de l'Empire. On a commencé par la Basilique romaine, on a continué par la Rotonde, et de
la fusion de ces deux types est née l'église
byzantine.—La deuxième période, que domine
le génie architectural de la France, peut être
divisée en trois groupes qui reproduisent les
transitions opérées dans l'architecture sacrée
de l'Europe, et deviennent chacun la caracté-
ristique d'une époque. Ainsi, le premier
groupe remplit l'intervalle d'un siècle (de 1099
à 1187) et répond au royaume latin de Jérusalem ; le deuxième se rapporte à une partie du
xiiie siècle, et s'élève dans toutes les villes
du littoral où les princes chrétiens avaient éta-
bli leur domination éphémère ; le troisième
groupe enfin, qui se lie à une histoire illustre,
se compose des monuments érigés à Chypre
et à Rhodes, pendant les xiiie, xive et xv^e
siècles. — Je ne veux pas vous fatiguer des

détails techniques qui font la valeur de ce remarquable ouvrage, mais je ne puis passer sous silence l'opinion qu'émet l'auteur quant à l'origine de l'ogive. Il la croit arabe ; mais, distinguant avec raison de cette forme (qui est avant tout subordonnée à la place dont on dispose) le système même de la construction gothique, laquelle consiste, comme vous le savez, dans le choix d'une disposition qui, en permettant l'emploi des petits matériaux, puisse reporter tout le poids des voûtes, tous les efforts destructeurs sur des points d'appui situés en dehors de l'édifice, M. de Vogüé croit que l'ogive, qui naissait aussi et naturellement chez nous de l'entrecroisement des arcades, s'est ajoutée en Orient au système de construction gothique importé par les croisés. — L'art américain mis hors de cause, c'est à cet ouvrage que se borne pour cette année le quantum architectural de la Société.

Passons à la philosophie, qui a pour but de dévoiler le plus beau des temples : la conscience épurée du sage, jouissant de la plénitude de sa raison.

Le premier ouvrage que nous rencontrons, les *Études orientales*, est dû à la plume, nous devrions dire à l'âme de M. Franck, membre de l'Académie de sciences morales et politiques. Dans ce livre, plein d'érudition et de pensées, où l'auteur traite avec charme, avec clarté, des sujets difficiles et métaphysiques, nous remarquerons les trois idées dominantes qui intéressent spécialement l'histoire et l'Ethnographie. D'abord, M. Franck proteste au nom de la nature et de la société contre cette doctrine sauvage de la force mise à la place du droit, et, en examinant la religion et la philosophie des divers peuples de l'Asie, il nous montre par la concordance de faits pris à une grande distance de temps et de lieux, — en Perse, dans les Indes, en Egypte, en Chine, — que les bases du droit sont inscrites en caractères indélébiles dans la constitution même de l'homme, lequel, au spirituel comme au physique, apporte avec lui en naissant ses lois, c'est-à-dire les conditions de son existence et de sa perfectibilité. On nous permettra d'insister sur cette définition, qui est belle parce qu'elle est vraie, parce qu'elle est rédemptrice, parce qu'elle est morale et digne ; parce qu'enfin, forçant l'homme à se replier sur lui-même pour y interroger, pour y réveiller sa conscience endormie, elle décharge Dieu de la responsabilité des ineptes et des malversations de ce monde. L'homme est libre moralement : qu'il le montre, qu'il se le prouve à lui même, et l'athéisme aura perdu sa base, et le scepticisme n'obsédera plus nos esprits troublés.

L'auteur s'élève ensuite contre le préjugé de la différence originaire, et par suite de la finalité différente des races humaines dans l'œuvre de la civilisation. Cette manière de philosopher, s'écrie-t-il, qui ne voit dans l'âme que l'effet du corps, qui n'aperçoit qu'un phénomène cosmique dans les plus belles inspirations de l'esprit, réduit tous les objets de notre foi, de notre pensée, de notre amour : la religion, la morale, l'art, la philosophie, à une question de couleur et de forme, d'angle facial et de latitude. Cette simple réflexion suffirait, selon nous, pour réduire à néant les physiocrates. Ces saintes choses sont, si vous le voulez, un effet de la nature; mais elles sont de la classe de celles qui ne se produisent que par la pureté de l'âme, et qui ne se mesurent qu'avec le compas du génie.

Le champ de la littérature et de la philologie se montrera plus rempli, et des meilleurs noms. Mais le temps presse, et je me vois forcé de vous demander la permission d'abréger.

C'est d'abord M. le marquis d'Hervey Saint-Denys, qui corrige en ce moment les épreuves de ses *Poésies chinoises*. Avec le talent de reproduction et l'art d'écrire qu'on lui connaît, on peut s'attendre à posséder un fac-simile exact du Parnasse du Céleste-Empire.

C'est M. Foucaux, qui a enrichi votre Revue de la traduction du drame indien de *Vikramorvasi*, et qui commence à livrer à l'impression une traduction complète du *Mahabharata*.

C'est M. Eichhoff, qu'on ne saurait trop citer pour son parallèle des langues indo-européennes et pour tant d'ouvrages marqués au coin de l'utilité et du talent, qui vient d'offrir à la Société la concordance des quatre Evangiles, présentés dans leur ordre textuel et sans transitions ni transpositions.

C'est M. Schœbel, qui éclaire toujours la linguistique du flambeau de l'analyse, et dont tous les écrits invitent à la réflexion et au travail.

C'est M. Thonnelier, qui continue à faire paraître le texte du *Vendidad-Sadé*, traduit en pehlewi et autographié d'après les manuscrits de la Bibliothèque impériale.

C'est M. Jules Oppert, qui va publier un ouvrage attendu depuis longtemps, le 1er volume de son *Voyage en Mésopotamie.* Cet ouvrage sera divisé en trois parties : la relation du voyage, intitulée : *d'Ysmis à Babylone;* la description des fouilles, intitulée : *Babylone;* et enfin la restauration de l'histoire d'Assyrie, sous le titre de *Ninive,* qui formera le III° et dernier volume.

C'est enfin M. Chodzko, qui s'occupe de sa *Grammaire comparée des langues slaves,* et qui vaincra, nous l'espérons, les difficultés matérielles dont la France n'a pas encore su exonérer les auteurs.

N'oublions pas notre spirituel et bien-aimé président, M. le baron de Bourgoing, qui continue ses travaux sur les prénoms, dont il recherche les étymologies dans toutes les langues et chez tous les peuples. Unissant la poésie à l'érudition, le gracieux au solide, il nous prépare un charmant volume bien écrit, bien pensé, où le luxe des arts se joindra aux charmes indéfinissables du récit.

N'oublions pas non plus M. Beauvois, qui nous a laissé, avant de partir pour le Nord, un volume de *Contes scandinaves et finnois,* traduits de leurs langues originales; ni enfin M. Dufriche-Desgenettes, qui se propose de systématiser et d'exposer *ex professo* ses travaux sur la phonologie (1).

Il est un de nos collègues à sentiments gé-

____

(1) Le problème que l'auteur se propose est celui-ci : analyser les produits de l'appareil vocal, pour en déduire les *langues* primitives qui, se combinant ensuite et se modifiant de mille manières, au gré des circonstances, ont produit tous les accidents de la

néreux dont je me permettrai de citer le nom, quoiqu'il aime d'ordinaire à le cacher : c'est M. Maurel. Il a fait une étude toute spéciale et approfondie des ressources de la Turquie, et son ouvrage, qui sera prochainement publié, élucidera de graves questions qui intéressent la politique de l'Europe et l'avenir de l'empire ottoman.

Signalons, pour clore, M. Marius Nicolas, homme de goût, de travail et de patience, qui continue à rendre les plus grands services à la typographie orientale. Son zèle bien connu pour des travaux ingrats, que dédaigneraient les imprimeurs ordinaires, l'a conduit à faire partie de notre Société.

Reste l'Ethnographie proprement dite, dans laquelle peut-être nous aurions pu classer, pour une partie de leur contenu, un certain nombre des ouvrages précédemment mentionnés. Pour remplir sa case presque vide, nous signalerons le remarquable travail que M. de Rosny a fait paraître sur la *Civilisation japonaise*. Je n'insisterai pas devant vous sur l'importance des publications relatives au Japon, car en même temps qu'elles nous révèlent un ordre social fort curieux et des arts qui nous sont inconnus, elles préparent à la France une voie commerciale inépuisable et signalent à son gouvernement un rôle politique immense, que sa perspi-

---

parole humaine. Ce lapsus de la science, qui reste à combler et qui se lie à la question toujours pendante d'un alphabet de transcription générale , nous a valu, en ces derniers temps, le beau travail de M. Lepsius.

cacité ne tardera pas à comprendre et à saisir.

Pendant que tous les travaux dont je viens de vous entretenir se produisaient ; pendant que MM. Garcin de Tassy et Oppert continuaient leurs cours à l'Ecole des langues orientales vivantes, que M. Chodzko étudiait au Collége de France la sainte et toute sociale organisation des communes slaves ; pendant que M. Rochaïd Dahdah publiait son *Birgis-Baris*, M. Berbrugger ses excellents articles dans la *Revue africaine*, M. Vivien Saint-Martin ses Etudes ethnographiques dans le journal le *Temps*, M. Richard Cortambert ses judicieux articles dans la *Patrie*, M. Bonnetty ses *Annales*, où notre confrère, M. de Charencey, plaidait la cause de l'unité de l'espèce humaine, pendant que M. Malte-Brun enrichissait de son savoir et de sa verve les *Annales des voyages* dont il est directeur ; pendant que tout ce mouvement se manifestait au dehors, que faisait votre *Revue?*

La *Revue orientale et américaine* publiait les travaux fondamentaux de nos américanistes, servait de champ clos à un de ces duels scientifiques où les adversaires se donnent fraternellement la main, où les erreurs seules tombent et périssent, — nous voulons parler de la discussion entre MM. Schœbel et Oppert, — et pendant le repos des deux champions la *Revue*, soucieuse de justifier le titre de la Société, posait, dans une série d'articles, les bases de l'Ethnographie : M. Castaing traitait du langage et de l'intelligence humaine, de la classification de l'homme dans la nature, etc. ; et votre rapporteur, convaincu qu'il faut voir de haut pour être sûr de tout apercevoir, essayait, dans un travail qu'il se propose de continuer, d'élargir les bases de la science et de rechercher s'il ne serait pas possible, en bonne philosophie, d'esquisser les principes qui, forcément, en enchaînent, en subalternisent tous les faits.

Après nous avoir parlé de la *Constitution de Tunis*, qui est un grand événement pour l'Islam, et du palais de Pe-King, si malheureusement détruit dans la dernière expédition, M. de Rosny nous a donné son rapport au ministre d'État sur la mission scientifique dont il a été chargé en Angleterre.

M. de Sabir nous a entretenu des Mangounes, M. Hassan-Ali-Khan du Pend-Nameh, M. Texier des chèvres d'Angora et des populations de l'Asie-Mineure.

Enfin, d'autres noms célèbres ont paru se plaire à reposer leur gloire dans vos colonnes : M. Munk, en nous parlant des Karaïtes; M. Holmboë, des Topes bouddhiques de la Norwége; enfin, M. Barthélemy Saint-Hilaire, de Yedo.

La seconde année de votre *Annuaire* a paru sous la direction de M. Castaing : elle a été accueillie avec l'approbation dont la Société a coutume de saluer son auteur. Seulement, on a exprimé le désir que le cadre d'ordinaire fort restreint de l'*Annuaire* contînt, à la place d'historiettes amusantes, des mémoires substantiels et le plus grand nombre possible de ces renseignements utiles à la science, que l'homme d'étude fatigué par des recherches pénibles aime tant à trouver sous la main. Nous nous efforcerons d'autant mieux d'obtempérer à ce désir, qu'à ce moment, en France, votre *Annuaire* est le seul que l'Ethnographie ait encore à sa disposition.

Enfin, satisfait du développement de votre Soicété, heureux du zèle de vos membres dont les travaux se publient sans interruption tant dans la *Revue orientale et américaine* qu'au dehors, vous avez cru, avec raison, pouvoir et devoir répartir vos forces sur plusieurs autres entreprises également importantes ; vous avez décidé des publications, fondé des prix, discuté les questions à mettre au concours ; vous avez pris, en un mot, tous les moyens nécessaires pour réunir autour de votre Société, comme noyau, les hommes studieux et de valeur qui n'attendent pour se mettre au travail qu'une occasion ou qu'un appel.

Le *Tableau de la Cochinchine*, dont vous avez ordonné la publication, a été rédigé par MM. Cortambert et de Rosny ; il sera précédé d'une introduction par M. le baron de Bourgoing et suivi d'un appendice bibliographique par M. de Bellecombes. Son exécution a été confiée à un des éditeurs les mieux famés de Paris, qui l'imprime en ce moment avec de nombreuses illustrations et un zèle digne de tous vos éloges. Par suite d'engagements consignés dans un traité que cet éditeur a signé, la mise en vente de ce beau livre ne pourra pas être retardée au delà du 1er juillet prochain.

Ces dispositions prises, et cette entreprise cessant de préoccuper l'attention de votre Conseil, il a cru pouvoir ordonner la rédaction d'un nouvel ouvrage ; la dernière expédition de Chine nous ayant rapporté de nombreux et intéressants documents chinois et autres sur la capitale du Céleste Empire, la composition d'une monographie étendue sous

le titre de *Description de Pe-King* a été dé-
cidée, et MM. le marquis d'Hervey Saint-Denys,
de Rosny, Richard Cortambert et votre rapporteur ont été appelés à y prendre part.

La bibliothèque de la Société s'est accrue
dans une telle proportion qu'elle a pu répondre
en différentes occasions aux besoins de la
plupart d'entre vous, et grâce à un heureux
système de classement et à la régularité des
catalogues, qui ont continué à être tenus par-
faitement à jour, la plus petite brochure peut
être remise instantanément au savant qui la
désire. L'acquisition de plusieurs ouvrages
rares a même appelé chez vous des savants
étrangers à la Société, qui sont venus consulter
ici les livres qu'ils ne pouvaient se procurer
ailleurs.

L'extension de vos archives n'a pas été
moins considérable, et de nombreuses liasses
renferment des documents de toute nature
dont quelques-uns de vos confrères ont pu
apprécier l'utilité pour leurs travaux.

Il n'est pas enfin jusqu'à votre musée qui ne
se soit enrichi d'un bon nombre d'objets intéressants, dus principalement à la générosité
de MM. le baron de Bourgoing, d'Hervey
Sant-Denys, Samper, Castaing, Espina, Do-
menech, etc. Vous en trouverez d'ailleurs le
catalogue à la fin de cet *Annuaire*.

D'après le compte rendu qui précède et
qu'il ne m'a pas été possible de clore plus tôt,
vu l'extension croissante des travaux, des entreprises et de l'importance de la Société,
vous voyez, messieurs, quel espace a été fran-
chi, combien de difficultés ont été vaincues et
quel avenir est réservé à la science encore

nouvelle de l'Ethnographie, si vous continuez à lui prêter, comme par le passé, l'appui généreux de vos talents, et à lui consacrer vos veilles, que la science reconnaissante paye toujours par un peu de gloire.

Du reste, la science ressemble à ce figuier des Indes, qui de lui-même se reproduit par boutures ; chaque étincelle qu'elle répand engendre de nouveaux foyers de lumière, qui, de proche en proche, illuminent les plus lointains horizons de l'humanité.

Mais je m'arrête. Dans notre Société même, la mort vient de frapper une célébrité presque centenaire ; les sciences physiques et mathématiques se couvrent de deuil, l'art de bien dire, la soucieuse logique pleurent un de leurs représentants , et tous les disciples un protecteur... M. Biot n'est plus ! Avec cet académicien illustre s'est peut-être perdu pour la science le résultat de bien des recherches, notamment de celles qu'il avait entreprises sur l'astronomie comparée des Indiens et des Chinois. C'est à vous de relever la palme échappée de ses mains refroidies, et souvenons-nous, messieurs, que la meilleure manière d'honorer une grande mémoire, c'est de continuer son œuvre !

CHARLES DE LABARTHE.

238—Paris.—Imprimerie de H. CARION, rue Bonaparte, 64.